Teresa Zukic

Warm ums Herz

Teresa Zukic

Warm ums Herz

24 Lichter für Deine Adventszeit

HERDER

FREIBURG · BASEL · WIEN

MIX
Papier aus verantwortungsvollen Quellen
FSC® C014496
FSC
www.fsc.org

www.herder.de

Umschlaggestaltung und Illustrationen im Innenteil:
Sabine Hanel, Gestaltungssaal
Weitere Illustrationen: Sterne: George J/Shutterstock;
S. 27: Tanja Geier/Nice Day, S. 44: Zozo Kharitonova/Shutterstock;
S. 58: Helena-art/Shutterstock; S. 73: ArtMari/Shutterstock;
S. 95: frescomovie/Shutterstock, S. 96: Natata/Shutterstock;
Fotos: Teresa Zukic
Umschlagmotiv: © Teresa Zukic
Satz: Carsten Klein, Torgau
Herstellung: GGP Media GmbH, Pößneck

Printed in Germany

ISBN Print 978-3-451-39370-9

Inhalt

Was mir die Adventszeit bedeutet

Gerne denke ich an meine Kindheit zurück und an den Schokoladen-Adventskalender, an dem wir voll Freude jeden Tag ein Türchen geöffnet haben. Wir hatten einen Tannenbaum und sogar eine Krippe aufgestellt. Erstaunlich, denn als Kinder waren wir nicht getauft worden und meine Eltern praktizierten kein Christentum und gingen auch nie in die Kirche. Über den tieferen Sinn haben wir nie nachgedacht. Wir freuten uns auf ein köstliches Weihnachtsessen und natürlich auf die Geschenke.

Nach meiner Taufe als 18-Jährige kam ich aus dem Staunen nicht heraus: Gott war Mensch geworden! Dieser Große, Erhabene, mächtige Schöpfer, der das ganze Universum gemacht hat, ist wirklich Mensch geworden. Und obwohl er der Sohn Gottes war, hatte er sich alle Brutalität am Kreuz gefallen lassen, ohne sich aufzubäumen. Er tat all das, weil er die Sünden aller seiner Kinder lieber auf sich nehmen wollte, als nur eines seiner Kinder verloren gehen zu lassen. Was für eine Liebe, für die ich einfach keine Worte finden kann. Und so ist dieses Staunen bis heute geblieben, wenn ich das »Bobbelchen«, das Jesuskind in der Krippe, betrachte. Ich kann mich an keinem Weihnachtsfest sattsehen.

In meinen Klosterjahren war die Adventszeit geprägt von der geistigen Vorbereitung auf die Ankunft des Herrn. Diese Zeit steht nicht allein für sich, sondern man lebt auf das Weihnachtsfest zu. Es ist eben eine besinnliche Zeit, in der man auf das Wesentliche schaut.

Am meisten bewegte mich dann am Weihnachtstag – neben dem feierlichen Weihnachtsgottesdienst – der Moment, wenn alle Schwestern sich im Refektorium vor dem Festessen gegenseitig ein »fröhliches Weihnachtsfest« wünschten. Es schien, als schwappte die Freude in dieser hochheiligen Nacht auf alle Schwestern über. Man sagte, was man meinte, man nahm sich herzlich in den Arm oder gab sich die Hand, als wäre es immer ein Neubeginn. Was auch Belastendes gewesen war, es wurde im Angesicht der Freude der Weihnacht vergeben und geheilt. »Fürchtet Euch nicht, ich verkünde eine große Freude« – die Botschaft des Engels wurde jedes Jahr neu erlebt.

In den 28 Jahren unserer Gemeinschaft der Kleinen Kommunität war die Adventszeit natürlich geprägt von der Arbeit in der Gemeinde und Schule. Chor- und Krippenspielproben und Schulunterricht, die Vorbereitung aufs Weihnachtsfest in der Gemeinde und Vermittlung der Bräuche. Für pastorale Mitarbeiterinnen und Pfarrer war dies immer eine Hoch-Zeit und mit viel Arbeit verbunden. Ich bemühte mich innerlich »mitzufeiern« und nicht nur für andere vorzubereiten. Man brennt so schnell aus, wenn man nur gibt. Ich genoss natürlich die Arbeit mit den vielen Kindern. Viel Liebe und Mühe investierten wir in die kindgerechten Abenteuerlandgottesdienste, den modernen Go X-Gottesdienst, Rorate oder Lobpreisabende, um allen Stück für Stück einen Zugang zum wundervollen Weihnachtsfest zu ermöglichen.

Als Pfarrer Franz mit 75 Jahren in Rente ging und wir die Seelsorgeeinheit wechselten, durfte ich ein Sabbatjahr von der Gemeindearbeit machen und Gott hatte neue Pläne für mich. Nun lag der Schwerpunkt auf meiner Vortragstätigkeit und Evangelisation. Nur noch ein paar Stunden widmeten wir der Gemeindearbeit mit unseren Kindergottesdiensten und der Erwachsenenbildung. In der Adventszeit wurde ich zu besonders vielen Feiern mit Vorträgen und Predigten eingeladen.

In der Zeit zwischen Weihnachten und der Hl. Drei Könige nehme ich dann in der Regel keine Einladungen zu Vorträgen an. Da gehöre ich meiner Gemeinschaft. Diese Zeit ist für mich etwas ganz Besonderes. Ich genieße die Zeit mit dem Kind in der Krippe und habe freie Tage zum Verschnaufen.

Wie jeden Morgen und Abend, so schreibe ich allerdings auch in dieser Zeit ermutigende und besinnliche Texte für meine Communitys und App-Follower. Das tue ich an 365 Tagen im Jahr und daran hat sich bis heute nichts geändert. Selbst während meiner Krebserkrankung. Für mich ist jeder Tag mit Jesus ein Geschenk und deshalb versuche ich ihn bewusst zu leben.

In der Adventszeit bemühe ich mich, auch ein adventlicher Mensch zu sein. »Advent« leitet sich vom lateinischen »Adventus« ab und bedeutet Ankunft. Es ist die Vorbereitungszeit, die große Erwartung auf die Ankunft des Herrn.

Deshalb gibt es kein spezielles Programm in der Adventszeit für mich. Es ist für mich keine Zeit, um fromme Höchstleistungen zu vollbringen, sondern ich bitte Gott wach zu sein und mich für Seine unermessliche Liebe zu öffnen. Sie kann mir überall begegnen. In jedem Ereignis, Telefonanruf oder Begegnung.

Das ist die Spiritualität unserer Gemeinschaft: »Gott in allen Dingen suchen und finden.« Ob an der Tankstelle, beim Einkaufen, hinter den Kulissen einer Fernsehsendung oder einfach auf der Straße. Er kann Dir überall über den Weg laufen. Ob in einem jungen oder alten, kranken oder gesunden Menschen. Beim verspäteten Zug oder wenn Deine Pläne über den Haufen geworfen werden. Selbst in traurigen oder schwierigen Zeiten.

Immer mit IHM zu rechnen, macht das Leben abenteuerlich und es wird einem warm ums Herz.

Und das wünsche ich auch uns allen: eine Adventszeit, in der uns warm ums Herz wird! Dazu möchte ich mit meinen Texten und Rezepten beitragen und die Bilder kann man sogar ausmalen.

Eure Teresa

Erster Advent

Vorfreude

Ich freue mich
auf den Advent.
Es ist die Zeit, um sich
auf die große
Umarmung Gottes
zu freuen.
Ich mache keine Pläne,
fromme Höchstleistungen
zu vollbringen,
sondern ich bitte Gott,
mein Herz zu öffnen
für Seine unermessliche Liebe.

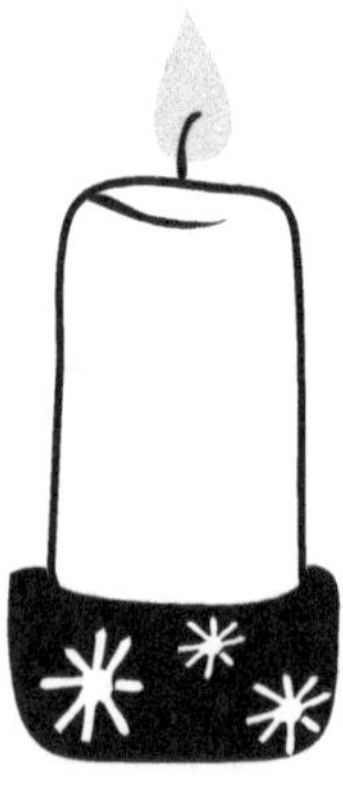

Ich habe das Licht tanzen gesehen

Nari war eine fleißige Schülerin, so wie alle Kinder in Korea sehr fleißig sind. Ihre strengen Eltern taten alles, um ihr Kind zu fördern.

Schon im Kindergarten werden die koreanischen Kinder im Lesen und Schreiben unterrichtet. In der Grundschule lernen die Kinder von frühmorgens bis spätabends. Zum Spielen haben sie oft wenig Zeit. Nari verbrachte besonders viel Zeit damit zu lernen, sodass sie die Klassenbeste war. Ihre Schulaufgaben erledigte sie immer besonders zuverlässig.

Wie konnte sie eines Tages nur den Zettel vergessen, den ihre Eltern noch am Abend vorher unterschrieben hatten und der heute der Lehrerin zu übergeben war? Sie rannte zurück nach Hause, während ihre Freundinnen schon das Schulgebäude betraten. Völlig außer Atem hielt sie auf dem Rückweg zur Schule auf der Hälfte der Strecke plötzlich an. Sie war schon über die Brücke gelaufen und über den kleinen Fluss. Nur noch zwei Straßen, dann wäre sie in der Schule. Nari schaute auf ihre Uhr. Nie und nimmer würde sie es jetzt noch rechtzeitig zum Morgenappell schaffen. Das Mädchen spürte, wie ihr Herz raste. Sie musste erst mal nachdenken und kletterte die Böschung hinab zum Flussufer und setzte sich auf einen Stein. Zur nächsten Stunde würde sie in die Schule gehen. Sie musste sich nur noch eine gute Ausrede einfallen lassen. Ihre Lehrerin würde ihr Fehlen sicher sofort bemerken.

Plötzlich fiel ihr Blick auf das spiegelnde Licht des Flusses. Das Licht tanzte vor ihren Augen. Noch nie zuvor hatte sie dieses wunderschöne Schauspiel beobachtet. Sie kniff ihre Augen ein wenig zusammen und die Lichtstrahlen funkelten über dem Wasser. Wie ruhig, wie friedlich, wie schön war es hier. Die Sonne wärmte sie und sie konnte sich nicht sattsehen am Funkeln der Wasseroberfläche. Nein, zur nächsten Stunde würde sie auch nicht gehen. Was sollte sie denn jetzt sagen? Stattdessen legte sie sich ins Gras und schlief beim Plätschern des Flusses ein. Wie herrlich, wie köstlich verflogen die Stunden. Nari genoss ihre kleine Auszeit. Als sie die anderen Kinder am Nachmittag vorbeigehen hörte, ging sie nach Hause. Nein, das konnte sie ihrer Mutter nicht erzählen. Sie hatte ja nicht mal eine vernünftige Erklärung für ihr Schulschwänzen.

Am nächsten Morgen würde sie einfach zur Lehrerin gehen und erklären, dass sie sich gestern nicht gut gefühlt hatte. Aber das war ja nicht wahr! So gut, wie es ihr gestern ergangen war, war es ihr noch nie gegangen. Vor der Brücke ging sie wieder an das Flussufer. Wieder war sie wie verzaubert. Die ganze Woche ging sie morgens aus dem Haus und kam abends pünktlich nach Hause.

Am Freitagabend klingelte das Telefon. Sie lauschte an der Tür. Ihre Lehrerin rief an und erkundigte sich nach dem Befinden ihrer besten Schülerin, die ja wohl krank war. Ihre Mutter war außer sich. »Warte nur, bis dein Vater heimkommt«, drohte sie Nari. »Dann bekommst du eine Standpauke zu hören!« Vor ihren strengen Vätern haben koreanische Kinder besonders viel Respekt, so auch Nari.

Als der Vater spätabends von seiner Arbeit nach Hause kam, hörte Nari, wie sich ihre Eltern stritten. Sie lag in ihrem Bett und erwartete das Donnerwetter. Ihr Vater betrat das Zimmer mit ernster Miene, legte seinen Finger auf seine Lippen und deutete Nari an, dass sie ganz ruhig sein sollte. Dann schimpfte er mit der Wand. Beide kicherten.

»Warum bist du nicht in die Schule gegangen?«, fragte ihr Vater sie dann ganz ruhig. Da erzählte sie ihm von dem funkelnden Licht am Wasser.

»Ich habe das Licht tanzen gesehen. Ich habe noch nie so was Schönes gesehen.« Der Vater nahm seine Nari in seine Arme und flüsterte: »Das hast du gut gemacht. Vom Licht kann man viel lernen. Und deinen ›Urlaub‹ werde ich schon entschuldigen. Aber morgen gehst du wieder in die Schule, meine Starke?« Nari strahlte ihren Papa an. Ja, morgen würde sie wieder in die Schule gehen.

Nach einer wahren Geschichte meiner koreanischen Freundin Scholastika.

Lebkuchenlaterne

Zutaten:

- 50 g Zuckerrübensirup
- 50 g Honig
- 50 g Kalte Butter
- 200 g Mehl
- 20 g Lebkuchengewürz
- 1 TL Natron
- Prise Salz

Als Kleber für die Lebkuchenseiten:

- 1 Eiweiß
- 100 g Puderzucker
- 1 EL Kakaopulver
- Gefrierbeutel oder Spritzbeutel
- Prise Liebe ♥

Zubereitungsschritte am Vorabend:

- Sirup, Honig, Zucker und 50 ml Wasser in einem Topf aufkochen.
- Die Mischung vom Herd nehmen und die Butter stückchenweise einrühren.
- Natron, Lebkuchengewürz und eine Prise Salz mischen und in die lauwarme Masse verrühren. In einer Rührschüssel die Honigmasse abkühlen lassen und mit Mehl mit dem Knethaken verkneten. Über Nacht zugedeckt kalt stellen.

Am Backtag:

- 30 Minuten vor Zubereitung den Teig aus dem Kühlschrank nehmen.
- Backofen auf 180 Grad Umluft vorheizen.
- Portionsweise den Teig auf Backpapier/Backmatte mit etwas Mehl ausrollen, auf das Backblech legen und dort ausschneiden. Zwei Laternenseiten mit der Scha-

blone und die Fenster mit einem spitzen Messer ausschneiden.

- Je drei Bonbons in die Fenster legen.
- Ca 20 bis 22 Minuten backen, bis die Bonbons zusammenkleben.

- Alle vier Laternenseiten auskühlen lassen. Den Kakao mit dem Puderzucker und dem Eiweiß vermischen. Mehr Puderzucker einstreuen, wenn nötig, sodass die Masse klebrig ist. Die Außenseiten der Laternenseiten bestreichen und vorsichtig zusammenkleben.

Tipp: Sie können auch aus den Resten leckere Lebkuchenplätzchen backen.

1. Dezember

Einen frohen,
die Liebe erwartenden,
der Freude entspringenden,
der Nächstenliebe öffnenden
und gesegneten Advent
wünsche ich allen meinen Freunden.

Eine Kerze der Hoffnung

Möge heute eine Kerze brennen für alle,
die ratlos sind,
enttäuscht,
keinen Ausweg wissen,
Angst haben,
bekümmert sind,
sich schuldig fühlen,
traurig sind,
einer ungewissen Zukunft entgegengehen,
den Mut verloren haben.

Gott ist Dir jetzt ganz nahe.
Vertraue IHM mehr
als allem Wissen, Reden, Spekulieren.
ER ist unsere Hoffnung.

2. Dezember

Und wenn Du erwachst,
soll Liebe Dich erwarten.
Ein Lichtstrahl für Dein Herz,
Und Du kannst fröhlich starten.

Danke, Gott!

Für Menschen, die sehen können, ist Licht selbstverständlich. In der Nacht genügt eine kleine Lichtquelle, um sich zurechtzufinden. Haben wir Gott schon mal gedankt für unsere Augen, für das Licht, das morgens mit der Sonne selbstverständlich aufgeht? Dafür müssen wir nichts tun. Nichts bezahlen. Es kostet uns keine Energie.

Einmal war ich mit Pfarrer Franz auf einer Vortragsreise in der Schweiz in einem Hotel am Matterhorn auf 2222 m untergebracht. Es war fünf Uhr morgens, da klopfte es plötzlich an meine Tür. Pfarrer Franz rief mich auf den Balkon. Der erste Sonnenstrahl küsste das Matterhorn und der Berg fing an zu glühen. Noch nie hatte ich das gesehen. Der graue Stein wurde lebendig und funkelte wie Gold.

Tief berührt, sprach ich ein Gebet:

Danke, Gott, für jeden Lichtstrahl Deiner Liebe in meinem Leben. Heute will ich ganz bewusst das Licht wahrnehmen, das mir ermöglicht, Deine schöne Welt und die kostbaren Menschen bewusst wahrzunehmen.

3. Dezember

Sein Licht kann nicht verborgen bleiben.
Es wird sich immer den Weg bahnen.
Stehen wir IHM nicht im Weg,
sondern werden wir Seine Helfer.
Die Menschen warten auf Zuwendung,
auf Liebe, auf Anerkennung,
auf das göttliche Licht der Freude.

Du bist berufen

Ja, genau Du.
Dich meine ich.
Du trägst seit Deiner Taufe mein Licht in Dir.

Stell Dir vor, alle meine Kinder würden
herzlicher lieben, wahrhaft vergeben,
großzügiger teilen, besser zuhören,
tiefer beten.

Wie viel Licht würde sich verbreiten
in die Dunkelheit einer Welt
voller Ablehnung,
Streit und Krieg,
Hunger und Armut,
Missverständnissen und Kränkungen,
sinnloser Leere und Orientierungslosigkeit.

Fang heute wieder an, Licht zu verbreiten.

Dein Dich liebender Vater

4. Dezember – Barbaratag

Am 4. Dezember ist Barbaratag. Traditionell werden heute Barbarazweige von Obstbäumen geschnitten und in der Wohnung zur Dekoration aufgestellt. Blüht der Zweig an Weihnachten, so soll dies Glück für das kommende Jahr bringen. Die heilige Barbara gehört zu den vierzehn Nothelfern.

Der Legende nach lebte Barbara im 3. Jahrhundert in der heutigen Türkei. Um seine hübsche Tochter vor der Außenwelt abzuschirmen, hatte ihr Vater sie in einen Turm eingesperrt. Als er auf einer längeren Reise war, ließ sich seine Tochter heimlich taufen. Als ihr Vater nach seiner Rückkehr davon erfuhr, lieferte er sie wutentbrannt an den römischen Statthalter aus. Während ihrer römischen Gefangenschaft soll Barbara einen verdorrten Kirschbaumzweig mit Tropfen aus ihrem Trinknapf zum Blühen gebracht haben.

Barbaraweizen

Ein kroatischer Brauch

In Kroatien ist es Brauch, am Barbaratag Weizen keimen zu lassen. Mit dem grünen Barbaraweizen wird an Weihnachten die Festtafel dekoriert.

Anleitung:

- Weizensamen zwölf Stunden einweichen.
- In eine Schale oder auf einem Keimtablett die Samen nebeneinanderlegen und zwei bis drei Mal am Tag mit lauwarmem Wasser besprühen. Eine Temperatur von 18 bis 20 Grad wäre ideal.
- An Weihnachten ist das Weizengras groß genug. Mit einem Band hübsch binden und eine Kerze anzünden.

Kirschblüten aus Papier

Material:

- Fünf kleine quadratische Papiere in Rosa
- Doppelseitige Klebestreifen zum Zusammenkleben

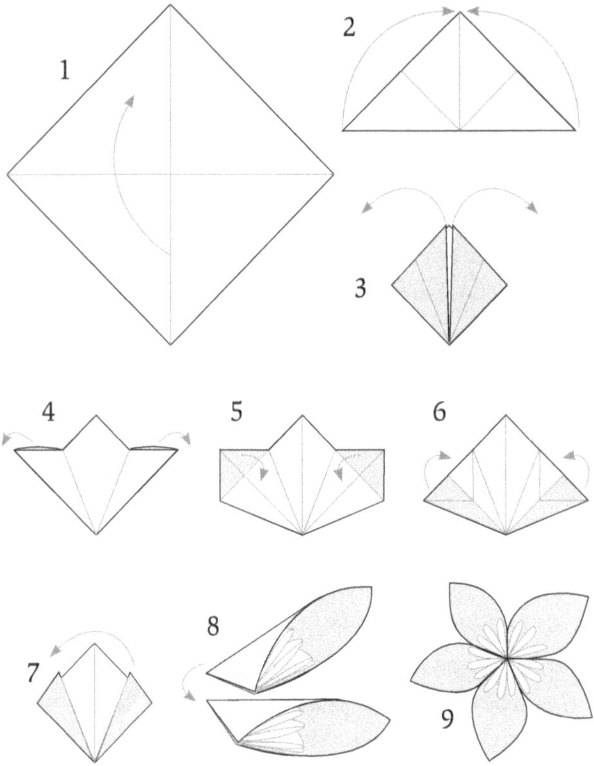

Mit einem doppelseitigen Klebestreifen beide Seiten verbinden.

5 Blütenblätter mit je einem doppelseitigen Klebestreifen an jeder Seite miteinander verbinden.

Zweiter Advent

Im Advent lasse ich mich nicht stressen

Als junge Ordensfrau arbeitete ich in einer Förderschule für Kinder mit Behinderung. In der ersten Adventswoche teilte ich ein Ausmalbild eines Adventskranzes aus. Alle Kinder griffen sofort zu ihren Farbstiften und begannen zu malen.

Alle Kinder? Nein, Thomas saß da und schaute den anderen Kindern beim Malen zu. Er war sieben Jahre alt. Eine Weile beobachtete ich den Jungen. Dann sprach ich ihn an.

»Warum malst du denn nicht? Gibt es dafür einen Grund? Kann ich dir irgendwie helfen?«

Thomas schüttelte den Kopf. Dann verschränkte er die Arme und sagte kurz und direkt: »Schwester, ich denke nach und in der Adventszeit lasse ich mich nicht stressen!«

Meine Güte, mit allem hatte ich gerechnet, aber nicht mit so einer Antwort. Ich lachte herzhaft und der aufgeweckte Junge lachte mit.

»Ja, Thomas, ein bisschen hast du Recht. In der Adventszeit haben die Menschen viel zu viel Stress. Nachdenken ist wichtig. Wir können alle etwas von dir lernen.«

Als seine Mutter ihn am Ende des Schultags abholen kam, berichtete ich ihr von der kleinen Begebenheit mit ihrem wundervollen Sohn. Auch sie lachte und strahlte.

Doch plötzlich hatte sie Tränen in den Augen. Da erzählte sie mir, wie froh sie war, dass es ihm zurzeit so gut ging. Sie hatte ihren Mann schon an Krebs verloren, als Thomas mit fünf Jahren an Leukämie erkrankte. Das war eine so schwere Zeit für sie. Sie musste immer mit der Angst leben, dass sie nach ihrem Mann auch noch ihren Sohn verlieren könnte.

Eines Tages, als sie in seinem Krankenzimmer ihre Tränen nicht mehr zurückhalten konnte, fragte Thomas sie, warum sie denn so viel weine. Um sie zu trösten, schenkte er ihr ein Bild mit einer großen Sonne, das er gemalt hatte.

»Du brauchst nicht traurig sein, Mama«, hatte der kleine Junge gesagt. »Wenn ich einmal sterbe, gehe ich doch in die Sonne, dorthin wo Licht ist.«

Thomas wurde wieder gesund. Das Bild mit der Sonne holt seine Mutter seitdem immer dann hervor, wenn sie wieder ein paar Lichtstrahlen voller Hoffnung in ihrem Leben gebrauchen kann.

5. Dezember

Komm, Heiliger Geist.
Unmögliches wird möglich.

Komm, Heiliger Geist.
Im Dunkeln erstrahlt Sein Licht.

Komm, Heiliger Geist.
Angst verwandelt sich in Vertrauen.

Komm, Heiliger Geist.
Aus Schwachheit erwächst Kraft.

Komm, Heiliger Geist.
Liebe durchdringt das Herz.

Komm, Heiliger Geist.
Hoffnungsfunken leuchten auf.

Komm, Heiliger Geist,
dann verwandeln sich Todeszeichen in Lebenszeichen.

Mein Lieblingsgebet

»Komm, Heiliger Geist« ist das kürzeste Gebet und mein Lieblingsgebet. Es ist meine Lichtquelle den ganzen Tag. Wie das Atmen, so spreche ich es immer wieder aus und es begleitet mich durch den Tag.

Probieren Sie es doch heute mal aus. Sprechen Sie es

... bevor Sie auf das Handy schauen und aus dem Bett steigen,
... vor jedem Telefonat,
... bei Arbeitsbeginn,
... wenn schwere Gedanken kommen,
... vor dem Gebet,
... vor jedem Gespräch,
... bevor Sie ins Auto steigen,
... an jeder roten Ampel,
... bevor Sie ein Haus betreten.

Vorsicht! Es ist gefährlich, um den Heiligen Geist zu beten. Was ist, wenn er kommt?

6. Dezember – Nikolaustag

Lass Dich von Christus
neu entzünden.
Er braucht begeisterte
und tätige Liebe.

»Lieber heiliger Nikolaus,
komm doch heut in unser Haus,
lehr uns an die Armen denken,
lass uns teilen und verschenken,
zeig uns, wie man fröhlich gibt,
wie man hilft und wie man liebt.«

So hoffe ich, dass der Hl. Nikolaus
auch zu Dir und mir kommt,
vielleicht mit kleinen Gaben,
aber noch mehr mit dem Feuer,
das ihn bewogen hat,
anderen zu helfen.

Ich wünsche Euch so viel wunderbare Liebe
des Himmels und kleine Zeichen,
die Euch spüren lassen, dass Ihr geliebt seid.

Schwester Teresas gesunde Nuss-Nikolaus-riegel

Zutaten:

- 200 g Nüsse (Mandeln, Cashewkerne, Walnüsse, Macadamia, Pekannüsse, Haselnüsse nach Belieben)
- 2 EL Haferflocken
- 2 EL Kürbiskerne
- 1 EL Chiasamen
- 2 EL Pistazien
- 2 EL getrocknete Cranberrys oder Rosinen
- 2 Datteln ohne Kerne
- 1 Msp Vanille
- ½ TL Zimt
- 20 g Buchweizenmehl
- ½ Apfel
- 1 El Honig oder Ahornsirup
- 2 EL Kokosöl
- Prise Liebe ♥

Zubereitung:

1. Alle Nüsse grob hacken.
2. Apfel schälen, entkernen und grob kleinschneiden. Mit einem Schuss Wasser aufkochen. Datteln hinzufügen und pürieren.
3. Alle Zutaten in einer Schüssel vermengen.
4. Auf ein mit Backpapier belegtes Backblech die Nikolausformen oder andere Formen nach Belieben legen und mit der Nussmasse ca. 2 cm hoch befüllen. Mit einem Löffel fest zusammendrücken.
5. Form abheben und die Nuss-Nikoläuse im vorgeheizten Ofen bei 170 Grad 25 Minuten backen.
6. Die Nuss-Nikolausriegel auskühlen lassen.

Tipp: Man kann auch Herzformen benutzen.

7. Dezember – Tag des Heiligen Ambrosius

Ein glückseliges Leben ist der Genuss der Gegenwart, das ewige Leben ist die Hoffnung der Zukunft.

Hl. Ambrosius

Manchmal ist dein Wort so klar,
so einfach, so stark und erfüllt mich.
Ist das Deine Art, mich zu gewinnen, Gott?

Als würdest Du mir einen Löffel
mit köstlichem Honig in den Mund legen und
ihn dann Stück für Stück herausziehen.
Dann gibt es Zeiten, da schmecke ich nichts mehr.
Dann willst Du, dass ich dennoch glaube,
tapferer kämpfe und Dir noch mehr vertraue
und mich an den Geschmack Deiner
honigsüßen Liebe erinnere.

Ambrosius von Mailand und seine Geschichte

Heute ist der Tag des Honigs. Er wird international am 7. Dezember, dem Gedenktag des Heiligen Ambrosius, gefeiert. Ambrosius (339–397) ist der älteste der vier großen lateinischen Kirchenväter. Daneben ist er aber auch Schutzpatron der Kerzenzieher, Lebkuchenbäcker und der Imker.

Und wissen Sie auch warum? Die Verehrung des Heiligen als Schutzpatron der Imker ist auf eine alte Legende zurückzuführen: Während der kleine Ambrosius in einer Wiege schlief, soll ein Schwarm Bienen in seinem Mund ein- und ausgeschwärmt sein, wie in einem Bienenstock. Die Bienen stachen das Baby nicht, sondern träufelten ihm Honig in den Mund. Dieses Ereignis wurde als Zeichen gedeutet, dass Gott noch Großes mit Ambrosius vorhatte.

8. Dezember – Mariä Empfängnis

Herr, manchmal
schickst Du Engel.
Im Traum.
Wie bei Josef.
Die zärtlich weiterführen.
Aus Zweifel.
Verzweiflung.
Licht in der Dunkelheit.

Schenke uns immer einen Engel.
Wenn Deine Weisung
zu groß,
zu schwer,
zu gewaltig ist.

Führe auch uns liebevoll
auf den Weg der bedingungslosen Liebe.

Du bist einzigartig

Bevor ich die Welt erschaffen habe,
habe ich mich schon über Dich gefreut.
Ich habe Dich geliebt,
bevor Du geboren warst.
Du bist einzigartig.
Bevor Du im Mutterleib empfangen wurdest,
habe ich Dich gekannt.
Ich wollte nicht mehr ohne Dich glücklich sein.
Du warst ein einmaliger Gedanke von mir
und ich habe einen Plan für Dich.

Dein Dich seit Ewigkeit liebender Gott

9. Dezember

Wünsche Euch
viele kleine »Glücke«,
viele kleine »Advente«,
um dem Großen,
dem ganz großen Glück
unseres Lebens und
unserer Zukunft
begegnen zu können.

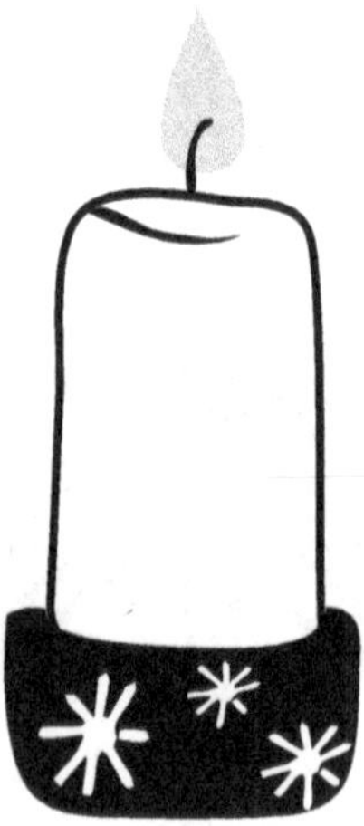

Rezept für einen Adventstag voller Licht

Schreib
Ruf an
Lächle
Spende
Genieße
Schweige
Rede
Sei großzügig

Bedanke Dich.
Bei Gott und allen,
die Dich unterstützen
und die für Dich da sind.

Mache und lächle.
Schlafe und erhole Dich.
Lass Dich segnen.
Und morgen stell Dich unter Seinen Schutz.

10. Dezember

Dankbar sein,
aus der Liebe schöpfen,
davon weitergeben, sich verschenken
und den Tag umarmen.
Für andere da sein
und teilen und
nicht klagen.

Habt einen gesegneten Tag.

Ja, ich spinne!

… weil ich an den lieben Gott,
den Menschenfreund,
den Schöpfer glaube.
Und an Seinen geliebten Sohn. Unseren Retter.
Weil ich an IHM festhalte,
auch wenn ich verlacht werde.
Und an die Menschen.
Unsere Geschwister.
Weil ich glaube, an Respekt
und Güte und Barmherzigkeit.
Und ich schäme mich nicht,
mein Unvermögen, meine Schwachheit,
mein Versagen zu bekennen.
Weil ich nicht aufgeben werde
und nicht aufgeben will,
anderen zu verzeihen,
und alle Kränkungen in mir
überwinden will.

Und weil ich Euch so lieb habe.
Meine Leserinnen und Leser.

Spinnen wir zusammen
das Band der Liebe?

11. Dezember

Eine frohe Zeit
für alle, die
bereit für das Geschenk sind
und es in Liebe erwarten.

Das Kind, so klein und göttlich,
will Mensch uns allen werden,
will gute Herzen finden,
will deine Hoffnung sein.

Drum schickt er kleine Boten
und gute Wünsche vor
und Worte, die bescheiden
Dein Herz erwärmen heut.

Nimm an den Tag in Freude
und sei für ihn bereit.
Er will auch zu Dir kommen,
ganz nah,
ganz tief,
ganz weit.

Dritter Advent

Auf der Suche nach der Freude

An einem Morgen war die Freude abhandengekommen. Niemand wusste, wie das passieren konnte.

Schon früh wurde die Eilmeldung über alle Kanäle in allen Ländern verbreitet. Sofort wurde getwittert und sie wurde millionenfach geteilt. Alle waren entsetzt und außer sich. Per Liveticker konnte man die Reaktionen auf der ganzen Welt mitverfolgen. Sondermeldungen unterbrachen die laufenden Sendungen. Die Staatsoberhäupter der Länder versuchten die Menschen zu beruhigen, dass man alles Menschenmögliche versuchen werde, um die Freude wiederzufinden. Alle staatlichen Behörden, die Armeen, die Polizei und der Katastrophenschutz waren in Ausnahmezustand versetzt worden. Sogar die besten Spürhunde wurden angesetzt. Man bat die Bevölkerung, sich dringend an der Suche zu beteiligen.

Jeder machte einen anderen dafür verantwortlich. »Ohne die Freude kann man doch nicht leben«, sagten die einen. »Das ist das Ende der Welt«, prophezeiten die anderen. »Kein Wunder, bei so vielen schlechten Nachrichten tagein, tagaus«, riefen manche. »Aber wenn keine Freude mehr da ist, kann man ja auch niemandem mehr eine Freude machen!« – »Ohne Freude wäre das Leben nicht mehr lebenswert.« – »Vielleicht sollte man zu dem Tag zurückkehren, wo sie noch da war«, spekulierten manche, »und die Ursache suchen.«

Die besten internationalen Spezialisten und Wissenschaftlerinnen, darunter Psychologinnen, Philosophen und sogar Tiefseetaucher, wurden darauf angesetzt. Gelder in Millionenhöhe wurden aus allen Teilen der Welt zur Verfügung gestellt. Aber die Freude blieb verschwunden. Eine weltweite Umfrage ergab, dass es früher in der Adventszeit und an Weihnachten anscheinend am meisten Gefühle der Freude gegeben hatte.

Aber warum? Zu keiner Zeit wurden mehr Lichter oder Kerzen angezündet. Die Städte wurden mit Lichterketten geschmückt und manche gaben ein Vermögen aus, um ihre Häuser zu beleuchten. Nie wurde mehr gespendet, nie mehr Geschenke eingekauft und verschenkt, nie aufwendiger gekocht als am Weihnachtsfest. Kritische Stimmen erinnerten aber auch an einen ungeheuren Stress, den sich die Menschen machten, bis alle Geschenke besorgt und alle Weihnachtsgrüße verschickt worden waren, die Weihnachtsplätzchen gebacken und der Tannenbaum geschmückt war. Ja, viele kreuzten in den rasch erstellten Umfragebögen an, dass sie um Weihnachten herum sentimentaler waren als an den übrigen Tagen im Jahr.

Aber niemand erinnerte sich daran, warum man dies alles vor Weihnachten tat. Was war der eigentliche Grund, sich gegenseitig zu beschenken und diesen Aufwand zu betreiben?

Eine Kommission fand zum Erschrecken aller heraus, dass die Freude nichts war, was auf der Erde zu finden oder herzustellen sei. Man kam zu dem Ergebnis, dass sie außerhalb des Irdischen ihren Ursprung hatte. Sie war einfach ausgestorben, weil die Menschen vergaßen, wo sie hergekommen war.

Astronomen entdeckten schließlich, dass ein kleiner Komet, ein Stern vor 2000 Jahren, auf unerklärliche Weise manche Sterndeuter aus der Fassung gebracht hatte. Nach ihren Recherchen hatte der Stern gelehrten Männern den Weg zu einem armseligen Stall in einem Kaff nahe Bethlehem verwiesen. Eine alte Legende berichtete von einem Engel, der Hirten erschienen sei und gerufen hätte: »Fürchtet euch nicht! Ich verkünde euch eine große Freude!« Der Retter sei da. Im Stall in Bethlehem sei ein Kind geboren worden, um Licht in die Welt zu bringen. Da war also die echte Freude der Erlösung zum ersten Mal aufgetaucht. Sie war das größte Geschenk, das Gott den Menschen auf der Erde gemacht hatte.

Diese Entdeckung schlug ein wie eine Bombe. Es wurde recherchiert und in einem alten Buch, Bibel genannt, las man die Geschichte vom Ursprung der Freude des Weihnachtsfestes nach – alle waren außer sich.

Die Menschen besannen sich nun wieder auf das Kind in der Krippe – und so kam die Freude zurück.

In diesem Jahr verzichtete man auf der ganzen Welt auf den Weihnachtsrummel. Mit dem Geld, das zur Verfügung gestellt wurde, wurde der Hunger auf der Erde beseitigt, Feinde wurden Freunde, Kriege wurden beendet und man begann sorgsamer mit der Welt umzugehen. Überall leuchteten Kerzen als Zeichen, dass die Freude von nun an unsterblich ist. Die Menschen traf sich in den Kirchen und versammelten sich auf den Plätzen um die Krippe, um sich vom Jesuskind, vom Bobbelchen, die Freude wieder schenken zu lassen.

Von nun an wurde sie als heiligster Schatz sorgsam aufbewahrt. Die Menschen wussten jetzt: Jesus, der Retter der Welt, war der Grund aller Freude. Das würde die Menschheit nie wieder vergessen.

12. Dezember

Wünsche Euch einen großARTigen neuen Tag
und liebensWERTE Gedanken,
frohMACHENDE Begegnungen,
lichtERFÜLLTE Momente
und kraftVOLLE Taten.

Kostbare Stunden

Wünsche Euch in dieser Adventszeit
immer wieder glückselige Stunden.
Ich weiß, jeden Tag müssen wir
auch Schweres überwinden,
manche Last tragen und ertragen.
Was ich durch meine schwere
Krebserkrankung gelernt habe?
Es gibt auch an schweren, belastenden Tagen immer wieder gute Momente.
Ich musste meinem Gehirn beibringen,
nicht am Negativen hängenzubleiben.
In der Gegenwart leben.
Und die guten Momente auskosten.

Denn die Gegenwart kennt keine Sorge.
Wir machen uns immer nur Gedanken,
um etwas, das wir in der Vergangenheit erlebt haben,
oder sorgen uns, was in der Zukunft sein könnte.
Deshalb möchte ich mir weniger sorgenvolle Gedanken
um die Zukunft machen.
Ich weiß, die Liebe erwartet uns in der Ewigkeit.
Und den Vorgeschmack dieser Liebe
feiern wir an Weihnachten.

13. Dezember – Luciafest

Wie viel Mut haben die ersten
Christen aufgebracht, Dich zu bezeugen?
Danke für alle Vorbilder im Glauben.
Danke für die heilige Lucia.

Schenke mir etwas von ihrem Mut.
Mut tut gut.
Schenke mir mehr von ihrem Licht.
Licht spricht.
Schenke mir von ihrer Kraft.
Schafft Leidenschaft.
Unerschütterliches Vertrauen.
Auch in Bedrängnis, auf Dich zu bauen.

Ein Fest zum Gedenken an die Heilige Lucia

Lucia von Syrakus lebte im 3. Jahrhundert auf Sizilien. Sie war die Tochter eines reichen Kaufmanns. Viele Legenden ranken sich um die Heilige. Die junge Lucia entschied sich, unverheiratet zu bleiben. Das Familienvermögen verwendete sie, um ein Spital für Arme zu finanzieren. Nachts versorgte sie heimlich versteckte Christen mit Nahrung. Damit sie unterwegs die Hände frei hatte, trug sie die Lichter auf ihrem Kopf.

In Schweden ist es ein jahrhundertealter Brauch, dass sich eine Tochter des Hauses als Lucia verkleidet, ein weißes Gewand anzieht, einen Kranz mit Kerzen auf dem Kopf trägt und ihren Lieben frühmorgens Weihnachtsplätzchen ans Bett bringt.

Mein Tipp: Überraschen doch auch Sie Ihre Lieben dieses Jahr am Luciatag, indem Sie ihnen frisch gebackenes Weihnachtsgebäck ans Bett oder an die Tür bringen, z. B. die köstlichen schwedischen Lussekatter.

Schwester Teresas schwedisches Hefegebäck »Lussekatter« (Luciakatzen) am Luciatag

Was für uns Christstollen und Zimtsterne sind, sind in Schweden die traditionellen *Lussekatter* (Luciakatzen) am Luciafest.

Zutaten:

- 75 g geschmolzene Butter
- 1/4 l Milch
- kleines Ei, 1 Eigelb
- 25 g Hefe
- 125 g Quark
- 500 g Dinkelmehl
- Rosinen
- Prise Safran
- Prise Salz
- Prise Liebe ♥

Zubereitung:

1. Frische Hefe in einer Schüssel zerbröseln.
2. Butter schmelzen und zusammen mit lauwarmer Milch, dem Quark und Safran verrühren.
3. Den Teig 30 Minuten an einem warmen Ort ruhen lassen.
4. In gleichmäßige Stücke teilen und zu Rollen formen. Die einzelnen Rollen zu einem S formen und die Enden etwas mehr eindrehen und zugedeckt 30 Minuten ruhen lassen.
5. Mit dem verrührten Eigelb bestreichen und je 1 Rosine an den Enden andrücken.
6. Bei 225 Grad Ober-/Unterhitze im vorgeheizten Backofen 8 bis 10 Minuten backen.

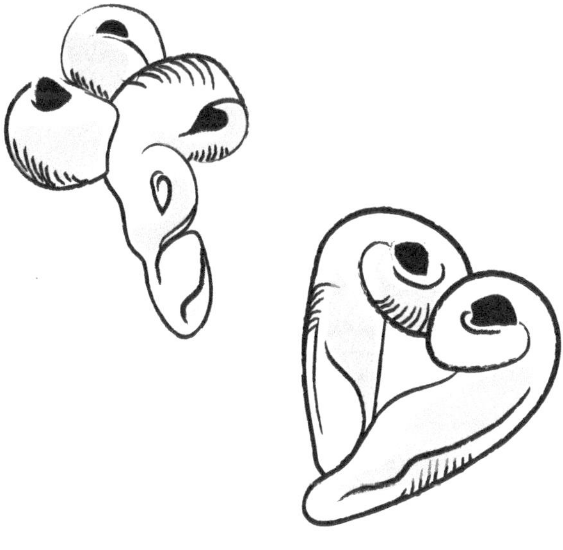

14. Dezember

Gott kommt auf die Welt.
Zu niemand anderem als zu Dir!
In dein Leben.
Was er will?
Dein Schicksal.
Deine Kämpfe.
Deine Schmerzen.
Deine Sorgen.
Deine Zweifel.
Deine Verlorenheit.
Dein Versagen.
Deine Fragen.

Darf ER auch in dein Herz?

Öffne Dein Herz

Das Kind will in die letzte Kammer,
die finsterste Dunkelheit,
die größte Traurigkeit
Deines Herzens kommen,
damit Du weißt,
dass Du gemeint bist.
Für Dich will ER leben,
sterben,
lieben.
Du bist IHM wichtig.
Für IHN bist Du das Wertvollste.
Dir läuft ER nach, um Dich zu retten.
Lass Dich lieben von der größten Liebe,
die alles verwandeln kann.
Auch Deinen Schmerz.

Die beste Krippe für Gott
ist eines Menschen Herz.

15. Dezember

Es ist ein Ros entsprungen,
aus einer Wurzel zart.

Das Röslein so kleine,
das duftet uns so süß.
Mit seinem hellen Scheine
vertreibt's die Finsternis.

Eines Tages wird sie erfüllt werden,
unsere Hoffnung nach
neuem Leben.
Nach Frieden
auf der ganzen Welt.
Gesundheit für jeden.
Nach einer Liebe,
die alle Sehnsucht stillt
und mit Zärtlichkeit
jedes Herz erwärmt.

Ein Stern ist aufgegangen

Auch für Dich ist
ein Stern aufgegangen.
Er will Dir sagen:
Die unendliche Liebe
ist auf dem Weg zu Dir.
Sie will Dich mit Frieden
und Freude erfüllen.
Öffne Dich für das Kind,
und lass Dich von ihm lieben.
Das Kind braucht von Dir
keine Geschenke,
es wünscht sich stattdessen,
dass Du ihm alle Deine
Sorgen und Ängste,
Dein Versagen
und Weglaufen,
Deine Zweifel und
Deine Schwäche gibst.

Und ER gibt Dir die Fülle Seiner Liebe.
ER gibt Dir das
wahre Leben zurück.

16. Dezember

Wenn das Licht kommt,
hebt sich der Nebel.
Wo die Liebe aufleuchtet,
wärmt sich das Herz.
Danke den vielen lieben Menschen,
die Sein Lächeln lächeln.
Seine Liebe leben,
Andere Menschen seine Güte und Herzlichkeit spüren lassen.
Danke für diesen neuen Tag,
den ich zu Seiner Ehre leben möcht.

Bereit für den großartigsten Tag Deines Lebens?

Nicht,
… weil Du im Lotto gewinnst.
… weil Deine Lebensumstände sich radikal verändern.
… weil Du ausgezeichnet wirst.
… weil Deine Sorgen mit einem Schlag weg sind.
… weil Deine Kollegin Dich plötzlich freundlicher behandelt.
… weil alle Schmerzen verschwunden sind.

Sondern,
… weil Gott Dich liebt und Dir heute begegnen will.

17. Dezember

Mit einem Lächeln sag ich's gern.
Wo Ihr auch seid auf dieser Welt.
Ob ganz nah oder auch fern.

Gott wird ganz Mensch,
er kommt zu Dir.
Kommt mit göttlicher Liebe,
lässt sich finden, auch heute und hier.

Öffne Dein Herz nur, und lass es geschehen,
lass Dich lieben von Ihm
und Du wirst Seine Wunder verstehen.

Lass Dich beschenken

Erwarten wir nicht zu viel
von den Menschen,
dann können wir
leicht enttäuscht werden.

Viele sind müdegearbeitet.
Sorgenvoll.
Leergebrannt.

Erwarten wir alles von Gott,
denn Er will uns in Überfluss
mit Seiner Liebe beschenken.

ER liebt bedingungslos.
Braucht keine Beweise
unserer Liebe.
Keine Leistungen.

Lassen wir uns fallen
in die Freude
der Weihnacht,
die uns mit neuer
Kraft, Liebe und Hoffnung
stärken will.

18. Dezember

Vier Kerzen sagen:
Es ist bald so weit!
Sie naht,
die heilige,
gnadenbringende
WeihnachtsZeit.

Sie fragen:
Bist Du bereit?

Denn nur eines
musst Du verstehen.
Er wird kommen,
wird lieben,
wird leiden,
wird sterben

und auferstehen.

Für Dich,
geliebter Mensch.
Für Dich!

Warten auf das »Bobbelchen«

Advent ist warten auf das » Bobbelchen«,
das die Welt verändert.
In jedem Kind ist das Wunder sichtbar.
Gott wurde Mensch, dass wir das Göttliche
in jedem entdecken und mit Ehrfurcht behandeln.
Seid gesegnet, Königskinder.

Vierter Advent

Im Schein der Öllampe

Was für ein heiliger Moment, wenn Maria am Abend die Öllampe mit Olivenöl füllt und sie auf den Tisch stellt und anzündet. Sie tut es mit so viel Anmut und Achtsamkeit.

Kein Tropfen des kostbaren Öls soll verschwendet werden. Vor allem nicht, weil diese Füllung für das abendliche Gebet ist. Maria spricht ihr Abendgebet gleich nach dem Sonnenuntergang, wenn die ersten drei Sterne am Himmel stehen. Und weil nach der Bibel der neue Tag am Abend beginnt, ist es das erste der drei Gebete des Tages.

Vor dem Abendgebet waschen sie sich die Hände. Jeschuah liebt diese innigen, vertrauten Momente mit seiner Mutter. Als er noch klein war, wusch ihm seine Mutter die Händchen, jetzt macht er das selber.

Er ist ja inzwischen der »Mann« im Haus. Dann zündet Maria die Lampe an. Der Kleine strahlt. Ist fasziniert vom hellen Schein, der den ganzen Raum erfüllt.

Sie beginnen mit dem heiligsten aller Gebete, »Schma Israel«, gefolgt von einem stillen Gebet und er betrachtet die strahlenden Augen seiner Mutter, die im Schein der Lampe leuchten.

»Imma, wo ist Gott?«, fragt er an diesem Abend seine Mutter.

»Er, der Höchste, sei gepriesen, ist überall! Er ist die Luft, die wir atmen. ER ist immer da. Sein Name ist ›Ich bin der ich da bin‹.«

»Wie wunderbar«, sagt Jeschuah.

»Und weil der Höchste heilig, herrlich, allmächtig, vollkommen rein, voller Schönheit ist, sprechen wir Seinen Namen niemals direkt aus, weil wir ihn immer mit Demut, Ehrfurcht und Liebe aussprechen wollen. Unser ganzes Leben soll ein Zeugnis Seiner Liebe sein, damit die Menschen das göttliche Licht erkennen können. Es ist anfangs ganz klein, aber mit jedem Gebet wächst Sein Licht auch in uns, vor allem, wenn wir tun, was ER uns sagt. Wenn wir von ganzem Herzen, mit ganzer Seele und all unseren Kräften lieben, werden wir wie Licht für andere sein«, spricht Maria feierlich.

»Oh Imma«, sagt Jeschuah,
»dann will ich Ihn gewaltig liebhaben,
mein ganzes Leben lang,
damit ich Sein Licht in dieser Welt werde.«

19. Dezember

Was sind wir für kleine Menschlein?
Was ist das für ein großer Gott!
Doch ER wollte Mensch werden, nur aus Liebe.
Habt alle einen gesegneten Tag.

Nur einer kann heilen

Der Tag beginnt und eine neue Woche geht los, die in das wunderbarste Fest münden will, die Geburt unseres Heilandes.

Ohne Ihn wäre für mich alles sinnlos.
Er ist mir Trost und Heil und mein Leben,
wie für viele von Euch.
Er ist die Hoffnung und die ewige Zukunft.

Er ist schon da, aber oft begreifen wir es nicht, was Menschwerdung bedeutet, weil uns so vieles unmenschlich erscheint.

So viele Familien sind zerrissen, manche leiden unter körperlicher oder seelischer Gewalt.

Sind Streit Unfrieden oder Schmerzen ausgesetzt, leben auf der Flucht und in Angst oder fühlen sich vergessen.
Wie viele sind alleine und müde?

Der Schwierigkeiten müde. Doch ER kommt.
ER kann Dich heilen. Nur der Heiland kann heilen.

Ich bete für uns alle, vor allem für die, die es schwer haben, und wünsche ihnen einen glückseligen Moment, um neue Kraft zu schöpfen.

20. Dezember

Sind es nicht die falschen Erwartungen,
durch die wir immer wieder
enttäuscht werden?
Wir warten auf ein Kind,
das die Herzen heilt.

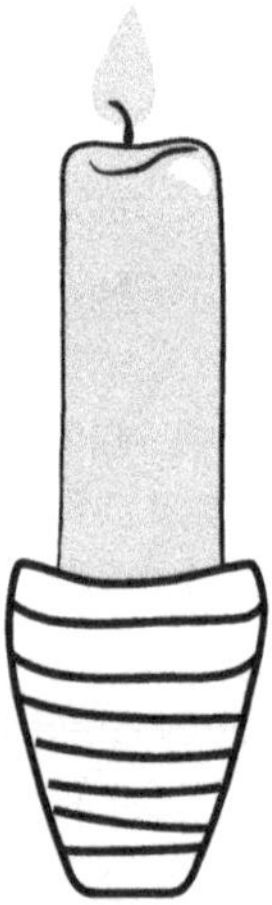

Der Herr ist nahe

Wie unsagbar tröstlich,
dass es jedes Jahr den Advent gibt:
»Der Herr ist nahe.«

Welch große Freude
darf mein und dein Herz erwarten?

Eine Freude,
die nicht alle Probleme,
Schwierigkeiten
und Herausforderungen
einfach wegspült.

Aber eine Freude,
die uns im Innersten ergreifen kann,
die Angst überwindet,
die unsere Seelen heilen kann,
um auch die letzten Aufgaben
dieses Jahres zu meistern.

Oder die uns lehrt, geduldig
mit uns
und anderen zu sein.

21. Dezember

Wir wollen die Geburt feiern,
staunen über das Wunder und den Zauber,
den Gott in Seinem Sohn
in die Welt gebracht hat –
unsagbare Liebe.

Aber mit was müssen
wir uns heute alles beschäftigen?
Was reibt uns auf?
Was gibt es zu erledigen?
Noch zu besorgen?

Schließe Deine Augen.
Nur ein paar Minuten.
Und sag es IHM. JETZT.
ER versteht alles.
ER versteht Dich!

Vorfreude

Die »Kleine Schwester« freut sich
auf das Weihnachtsfest
und kann es vor Sehnsucht kaum erwarten.
Sie braucht keine Geschenke
oder besonderen Dinge.
Dieses kleine Kind in der Krippe anzuschauen
und mit ihren Liebsten zusammen zu sein,
genügt ihr.
Glücksmomente voller Licht.

Übrigens:
Ich freue mich auf das Jesuskind und nicht auf den Weihnachtsmann.

22. Dezember

Aus Liebe zu uns kommt Gott auf die Welt.
Aus Liebe starb ER für uns.
Aus Liebe vergibt ER,
lebt ER,
liebt ER,
durch uns.

Komm nach Hause

Was auch immer
in Deinem Leben zerbrochen ist,
komm nach Hause.
Das Haus ist alt und nicht immer einladend,
manchmal steif und unbeholfen,
aber wenn das Kind in der Krippe liegt,
wird es plötzlich so warm,
zerschmilzt aller Hochmut.

Dann öffnen sich liebende Hände
und trösten verletzte Herzen.

Dann weicht die Angst,
weicht Versagen,
alles Frömmeln verstummt.

Dann strahlt das Licht
des menschenfreundlichen Gottes
in alle Herzen.
Dann nimmt die Wärme jeden Schmerz,
umarmt den Suchenden.

Dann ist Weihnachten,
denn Du bist heimgekommen,
und das Kind lächelt
und Du hörst auf zu weinen.
Du wurdest schon so lange vermisst.

23. Dezember

Du bist auf der Suche?
Manche suchen ein Leben lang.
Nach Liebe.
Angekommen bist Du,
wo Du geliebt wirst.

Herbergssuche heute

Können wir uns das vorstellen?
Hochschwanger.
Kein Krankenhaus.
Kein Palast.
Kein Hotelzimmer.
Kein Festessen, kein Tannenbaum.
Kein warmes Kaminfeuer.
Kein Dach über dem Kopf.

Nur noch ein Stall.

Herbergssuche 2000.
Herbergssuche 2022?

Danke Gott, dass wir es dieses Jahr
geschafft haben,
die Flüchtlinge aus der Ukraine aufzunehmen.
Ohne Wenn und Aber.

Wir können noch so viel mehr.

24. Dezember – Heiligabend

Heilige Nacht

Schlaf behütet in dieser Nacht,
weil die Liebe über Dich wacht.
Sie ist erschienen im kleinen Kind.
Schlaf getrost, weil wir gerettet sind.

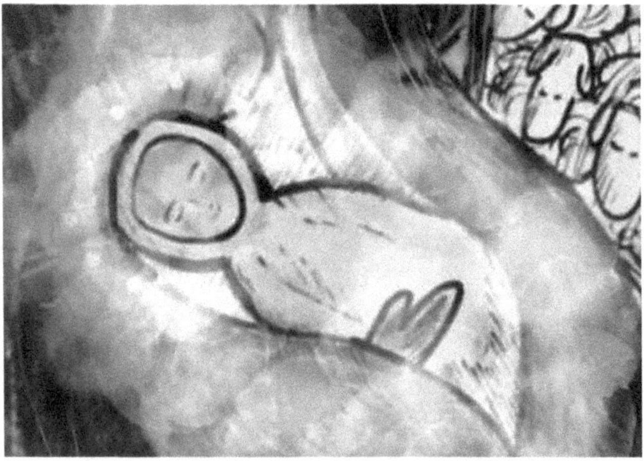

Jesus, DU
mein Jesuslein,
staunend
schaue ich Dich an.

Ein Wunder Du,
ein Menschlein bist.
Uns arme Sünder
nie vergisst.

Ich lieb Dich gar
von Herzen sehr.
Bring alles Dir,
auch das, was schwer.

Möchte dienen Dir,
wie ich's vermag
und Danke sagen
Tag für Tag.

Ein Bild von meinem »Bobbelchen«

Die Idee zu meinem Weihnachtsbild hatte ich vor vielen Jahren, als ich gebeten wurde, für unser Bistumsblatt ein Titelbild für das Cover einzureichen.

Es sollte alles kompakt dargestellt sein und war damals in Farbe gezeichnet.

2018 griff ich es nochmals auf und malte es in schwarzweiß, zuerst auf meinen Handy als Fingerpainting. Ja, Sie lesen richtig: Es gibt eine App, auf der man mit dem Finger am Handy malen kann. Später verfeinerte ich das Bild dann auf meinem I-Pad mit einem digitalen Stift.

Es sollte ein Weihnachtsgeschenk für meine Gemeinschaft sein. Heute steht es in meinem Büro und wird zu Weihnachten hervorgeholt.

Mein »Bobbelchen«, das Jesuskind, ruht friedlich, schlafend, aber lächelnd in den Armen Mariens. Von ihm strahlt das Licht aus und verbreitet sich Frieden.

Da kann man mit großen Augen nur staunen. Den Augenblick festhaltend.

Dennoch ist das Bild dynamisch. Man spürt, dass Maria und Josef die Herbergssuche noch in den Knochen haben und sich auch Sorgen wegen ihrer die ungewissen Zukunft mit der bevorstehenden Flucht nach Ägypten machen. Es ist darum kein Schmuseweihnachtsbild. Dennoch ist es voller Trost. In der Nähe des Jesuskindes findest Du, was Du suchst.

Und ER lächelt Dir zu. Ich bin bei Dir.

Ein Weihnachtslied aus Sommertagen

Tatsächlich ist das Lied im Sommer 2019 entstanden. Ich saß im Hintergrund einer Bühne und wartete auf meinen Auftritt bei einer großen Zeltmission.

Plötzlich kamen mir der Text und die Melodie in den Sinn. Ich schrieb den Text auf. Hatte aber keine Zeit mehr, die Melodie in einer Sprachnachricht festzuhalten. Aber mitten in der Nacht, als ich zu Hause in meinem Bett erwachte, war sie wieder da und ich hielt sie sofort fest. Nun ja, den »Seinen gibt's der Herr im Schlaf«, lachte ich. Als ich mit Thomas Gruber die Lieder für unsere CD mit den »Stimmen der Berge« komponierte, musste dieses Weihnachtslied natürlich mit hinein.

In der Heiligen Nacht

Text und Musik: Sr. Teresa Zukic u. Thomas A. Gruber

Gesunde Tannenbäume als Häppchen und Dekotipp

Zutaten:

- 1 Salatgurke
- rote Pfefferkörner
- kleine Holzspießchen
- 1 Prise Liebe ♥

Zubereitung:

1. Von der Gurke acht ca. 3 cm breite Scheiben schneiden.
2. Die Streifen auf den Spieß falten.
3. In eine Gurkenscheibe einstecken.
4. Nach Belieben kann der Gurken-Tannenbaum mit roten Pfefferkörnern verziert werden.

Tipp: Aus dem Rest der Gurke lässt sich ein feiner Gurkensalat machen.

25. Dezember –
1. Weihnachtstag

Freut Euch ohne Maßen,
die Zeit der Gnade ist Realität.
Das Licht ist da für Dich.
Die Liebe ist geboren.

Freude für alle

Möge die unbegreifliche
Liebe Gottes,
die sich in der Zärtlichkeit
des Jesuskindes zeigt,
uns alle mit Freude erfüllen.

Mögen alle Trost und Kraft
bekommen,
die es schwer haben
in diesen heiligen Tagen.

Das 57-Cent-Wunder einer 6-Jährigen

In einer Gemeinde in den USA war der Kindergottesdienst immer so brechend voll, dass kaum Platz für alle Kinder war. Die 6-jährige Hattie May Wiatt war darüber sehr traurig. Der Pastor versprach ihr, dass sie ein größeres Gemeindehaus bauen würden, damit alle Platz finden, sobald sie genügend Geld dazu hätten. Zwei Jahre später verstarb Hattie.

Nach ihrer Beerdigung überreichte ihre Mutter dem Pastor einen kleinen Beutel, den sie unter dem Kissen ihrer Tochter gefunden hatte. Er enthielt 57 Cent, ihr kleines Vermögen. Dabei lag ein Zettel: Sie wollte das Geld für die Erweiterung der Kirche dem Pastor geben, sodass mehr Kinder in die Sonntagsschule gehen könnten. Der Pastor war natürlich sehr berührt und betroffen. Er wechselte Hatties Geld in 1-Cent-Stücke und verkaufte sie einzeln nach dem nächsten Gottesdienst. Er bekam 250 Dollar zusammen.

Die Gottesdienstbesucher waren berührt von Hatties kleiner Spende.

Auch die 250 Dollar wechselte er in 1-Cent-Stücke und verkaufte die Cents über die inzwischen gegründete Wiatt Mite Society.

26 Jahre später erzählte er in einem Vortrag die »Geschichte der 57 Cent« und wie Gott diese Spende segnete. Eine Gemeinde entstand mit über 5.600 Mitgliedern, ein Krankenhaus, in dem bis dahin schon zehntausende Menschen behandelt worden waren, 80.000 junge Menschen mit Universitätsabschluss, 2.000 Menschen hatten die Bibelschule absolviert – und alles nur, weil Hattie May ihre 57 Cent investiert hatte.

Wenn das keine Lichtgeschichte ist! Ich habe von der kleinen Hattie vor vielen Jahren in einer Predigt gehört. Schon damals war ich fasziniert davon. Damals erfuhr ich, dass das Gemeindezentrum vergrößert werden konnte.

Umso betroffener war ich, als ich bei meinen Recherchen darauf stieß, dass das nur der Anfang war und was Gott in all den Jahrzehnten mit Hatties Spende getan hatte. Wie großartig. Welch ein Wunder. Ein wunderbarer Segen.

Es ist nie umsonst, Gutes zu tun. Und wenn es auch nur ein wenig ist, was wir geben oder teilen können.

Oft stelle ich mir vor, wenn wir mal im Himmel sind und plötzlich kommt ein Mensch auf uns zu und sagt: »Weil Du 2 Euro, 5 Euro, 10 Euro oder eben 57 Cent gegeben hast, habe ich in dieser irdischen Woche überlebt und ich habe zu Gott gesagt, ich will den Menschen sehen, der mich gerettet hat.«

Jede Spende – aus Liebe gegeben – hat Ewigkeitswert. Seien wir auch großzügig an diesem Weihnachtsfest 2022.

Wie wir Weihnachten feiern

Es ist wundervoll, Weihnachten in meiner Gemeinschaft zu feiern. Die Krippe, die uns ein lieber Freund gezimmert hat, ist wunderschön und die Figuren haben wir uns Stück für Stück in den 26 Jahren dazugekauft. Sie wurde von den Schwestern vom Heiligen Bruno gemacht und gemalt. Als wir zum ersten Mal in Israel waren, haben wir uns in die Figuren verliebt.

Am Weihnachtstag befinden sich erst nur der Ochs und Esel im Stall und ein Engel steht mit dem Evangelium davor. Erst am Abend kommen Maria und Josef und das Bobbelchen in die Krippe dazu.

Seit ein paar Jahren feiert meine wundervolle Mama bei uns die Weihnachtstage. Früher kam auch meine Tante aus Kroatien, um uns zu unterstützen. Am späten Nachmittag richte ich die Geschenke unter den Tannenbaum und helfe in der Küche. Wenn Schwester Claudia von der Kindermette kommt, wird zuerst gegessen. Meistens gibt es Fisch mit Kartoffelgratin. Früher war es eine geräucherte Forelle. Dann zünde ich die Kerzen am Tannenbaum an und läute mit einem Glöckchen.

Schwester Claudia begleitet uns am Keyboard und wir singen voll Inbrunst unsere Lieblingsweihnachts- und Lobpreislieder. Pfarrer Franz erzählt die Weihnachtsgeschichte und wir beten und wünschen uns gegenseitig ein gesegnetes Weihnachtsfest.

Die Bescherung dauert immer etwas länger, auch wenn wir einander immer nur »Kleinigkeiten« schenken. Aber wir schauen dem anderen zu, der gerade sein Päckchen auspackt, und freuen uns mit. Ich bekomme immer einen Gutschein von meiner Gemeinschaft, um an Silvester ein großes Menü kochen zu dürfen. Zu Silvester haben wir immer besondere Gäste. Das ist mir eine so große Freude. Zum Schluss unserer Weihnachtsfeier wird noch ein wenig gesungen und dann geht es die in die Weihnachtsmette in unserer Gemeinde.

2020 und 2021 waren es natürlich sehr bewegende Heiligabende. Erst der Lockdown und dann meine lange Krebserkrankung und Therapie, die ich Gott sei Dank überlebt habe. Natürlich flossen mehr Freudentränen als sonst. Dass ich wieder gesund geworden bin, wird von nun an immer mein größtes Weihnachtsgeschenk sein.

26. Dezember – 2. Weihnachtstag

Der, der als Liebe
auf die Welt kam,
ER möge euch
tief im Herzen
wissen lassen,
wie sehr ER
euch liebt.

Was auch immer passiert,
aus Seiner Liebe
können wir nie fallen.
Und ich bitte
den heiligen Stephanus
um noch mehr Glauben,
mutiger Christus zu bekennen
und immer wieder
allen vergeben zu können.

Frieden muss
in unserem Herzen
beginnen,
bevor wir losgehen können,
um die ganze Welt
zu retten.

Das Fest der Versöhnung

Manchmal traue ich mich gar nicht, mich zu freuen, weil ich um Menschen weiß, die kein schönes Weihnachtsfest haben.

Allzu oft wird das Fest der Freude von Enttäuschungen bestimmt. Meist sind die Menschen nicht darüber enttäuscht, dass ihnen materiell etwas fehlt. Sie sind enttäuscht und verletzt, weil es ausgerechnet an den Weihnachtstagen wieder Streit mit ihren Liebsten gegeben hat und weil sie vielleicht sogar Angst haben, nicht geliebt zu werden.

Schlimm ist es auch, wenn wir an Weihnachten so gestresst sind, dass wir wegen einer Kleinigkeit, einem Missverständnis, einem unbedachten Wort, einer Lüge, einem gut gemeinten Rat, einem kurzen »Nicht mehr können« streiten.

Habt Mut. Weint Euch doch aus,
und geht dem anderen entgegen.
Es ist es nicht wert.
Dieser Tag, wenn er vorbei ist, er kommt nie wieder.
Versöhnt Euch bitte.
Dann ist wirklich Weihnachten.

Köstliches Schokoladen-Dattel-Eis und -Mousse

Zutaten:

- 20 Datteln
- 400 ml Kokosmilch
- 4 EL Kakaopulver
- 0,75 g Johannisbrotkernmehl
- evtl. Eismaschine
- 1 Prise Liebe ♥

Zubereitung:

1. Datteln kurz in kaltes Wasser tauchen, entsteinen und schälen. Das Schälen ist dadurch einfacher.
2. Datteln mit der Kokosmilch, Kakaopulver und Johannisbrotkernmehl mit dem Stabmixer verrühren.
3. In die Eismaschine füllen und ca. 40 bis 60 Minuten arbeiten lassen.
4. Wer keine Eismaschine hat, kann das Schokoladen-Datteleis im Eisfach frieren lassen und gelegentlich umrühren oder die Schoko-Dattelmousse einfach direkt genießen.
5. Mit frischem Obst anrichten.

TIPP: Ein Nachtisch für das Weihnachtsmenü, der nicht nur fantastisch schmeckt, sondern auch noch gesund ist: Datteln enthalten nicht nur viele Vitamine, Mineralstoffe, Ballaststoffe und Antioxidantien. Ein super gesundes Weihnachtsdessert mit Suchtgefahr!

Die Muskatnuss

Die Muskatnuss hat große Wärme
und eine gute Mischung in ihren Kräften.
Wenn ein Mensch Muskatnuss isst,
geht ihm sein Herz auf.

Hildegard von Bingen

Herz-Wärmer-Kekse nach Hildegard von Bingen

für 4 Personen

- 500 g Dinkelmehl
- 250 g weiche Butter
- 150 g Honig
- 25 g Zimt
- 10 g Muskat
- 5 g Nelkenpulver
- 2 Eier
- 1 Prise Liebe ♥

Zubereitung:

1. Alle Zutaten mit den Händen oder einer Teigkarte durchhaken, dann schnell zu einem Teig verkneten und 30 Minuten im Kühlschrank kalt stellen.
2. Dick ausrollen, Plätzchen ausstechen und diese auf ein mit Backpapier ausgelegtes Blech geben.
3. Im vorgeheizten Backofen bei 190 °C–200 °C (Unter-/ Oberhitze) ca. 20–25 Minuten hell backen.

WICHTIG: Hildegard von Bingen empfiehlt vier bis fünf Kekse pro Tag, da Muskatnuss in größeren Mengen berauschend wirkt. Für Kinder, Schwangere und stillende Mütter sind die Kekse daher nicht geeignet.

Ein Licht für alle

Ein Licht für alle,
die in diesen Tagen
ein Kind erwarten.

Ein Licht allen,
die noch ihren Weg suchen.

Ein Licht für alle,
die sich heimatlos
und fremd fühlen.

Ein Licht allen,
die sich nicht
für den richtigen Weg
entscheiden können.

Ein Licht für alle,
die stehen geblieben sind
und nicht mehr weiterkönnen.

Ein Licht allen,
die nicht wissen wohin
und kein Ziel im Leben haben.

Ein Licht für alle,
die krank sind und
keinen Aus-Weg sehen.

Ein Licht allen,
die noch nicht
angekommen sind
und dem Stern der Liebe folgen.

Im Gebet mit Euch allen verbunden.

Was bleibt von der Weihnachtsfreude?

Bald ist dieses Jahr zu Ende.
Wir genießen die Weihnachtstage und schauen schon auf Silvester.
Blicken voraus auf ein neues Jahr.
Mit der Sehnsucht nach Frieden, Ende aller Kriege,
Ende von Pandemie und Angst!
In der Hoffnung, dass alles besser wird.

Und dann?
Wenn die ersten Nadeln des Tannenbaumes fallen,
das Fest von Dreikönig oder Lichtmess gefeiert ist?
Der Christbaumschmuck, die Krippe und das Bobbelchen verpackt sind?

Was bleibt von der Weihnachtsfreude?
Der Stimmung und den Emotionen?
Den Lichtmomenten?

Einfach alles. Wenn wir es zulassen.
Wir müssen nichts verlieren,
sondern halten an der Zuversicht fest,
dass wir nie alleine sind.
Wir gehen mit dem Licht von Weihnachten weiter.
Wir begrüßen voll Freude das neue Jahr.
Wir müssen nur einen kleinen Platz in unserem Herzen freilassen,
für Seine Freude, Sein Licht, Seine bedingungslose Liebe.
Gott verlässt uns nicht.
Wann immer wir eine Kerze entzünden oder einen Lichtstrahl tanzen sehen,
wir erinnern uns voller Gewissheit und Zuversicht.
Der Retter ist da.
Er ist mit Seinem Hl. Geist da und dieser Lichtgedanke
kann unser Herz das ganze Jahr erwärmen.

Weihnachtsausklang

Auch für Dich ist
ein Stern aufgegangen.
ER will Dir sagen:
Die unendliche Liebe
ist auf dem Weg zu Dir.
Sie will Dich mit Frieden
und Freude erfüllen.
Öffne Dich für das Kind,
und lass Dich von ihm lieben.
ER braucht von Dir
keine Geschenke,
ER wünscht sich stattdessen,
dass Du Ihm alle Deine Sorgen und Ängste,
Dein Versagen
und Weglaufen,
Deine Zweifel und
Deine Schwäche gibst.

Und er gibt Dir die Fülle Seiner Liebe.
ER gibt Dir das
wahre Leben zurück.

Silvestersegen

Das Jahr geht heut zu Ende
und staunend schau ich hin.
Wie treu GOTT mich bewahrt hat,
gab Kraft mir, Freud und Sinn.

Durch schöne, glänzend Stunden,
erfreute er mein Herz,
doch traurig war ich auch,
in Leid und manchem Schmerz.

Doch seine Güte traf mich,
wann immer ich verzagt,
und mutlos war und ängstlich.
Hab's neu mit IHM gewagt.

Will nun im neuen Jahre,
IHM wieder ganz vertraun.
den Weg der Heilung gehen,
auf seine Liebe baun.

Bitt' IHN dafür um Segen,
um Seine große Kraft,
für mich, für Euch, für alle,
bei Tag und in der Nacht.

Die Autorin

Sr. Teresa Zukic, geb. 1964, ist Mitbegründerin der »Kleinen Kommunität der Geschwister Jesu« und eine der bekanntesten Ordensschwestern Deutschlands. Sie ist eine gefragte Rednerin und Autorin von Bestsellern wie »Die Seele braucht mehr als Pflaster« (Herder 2017) und »Himmel im Mund« (2022).

Sie ist ein wahres Multitalent, das nicht nur im Advent leidenschaftlich kocht, malt und Lieder komponiert. Vor allem versteht sie es, mit ihrer besonderen Gabe der Textdichtung Menschen zu ermutigen.

Sich sozial zu engagieren, ist ihr ein Herzensanliegen.Als Seelsorgerin ist sie darum täglich in den sozialen Medien unterwegs.